ALPHABET
DE L'ENFANCE.

ALPHABET
DE L'ENFANCE
AVEC LETTRES ORNÉES
AUGMENTÉ DE PETITS CONTES INSTRUCTIFS.

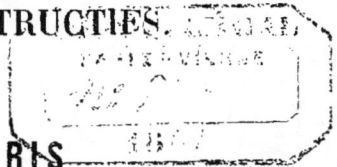

LIMOGES

F. F. ARDANT FRÈRES,
ruc des Taules, 18 et 20.

PARIS

F. F. ARDANT FRÈRES,
25, quai des Augustins.

1861

a b c d e f g h i j k l m n o p q
r s t u v x y z.

LET·TRES CA·PI·TA·LES.

A B C D E F G H I J K L M N O P Q
R S T U V X Y Z.

VO·YEL·LES.

a e i o u y.

CON·SON·NES.

b c d f g h j k l m n p q r s t v x z.

DIPH-TON·GUES.

æ, œ, ai, au, ei, eu, ay.

LET·TRES DOU-BLES.

fi, ffi, ff, fl, ffl.

LET·TRES AC·CEN·TUÉES.

â ê î ô û à è ì ò ù é ë ï ü.

PONC·TU·A·TI·ONS.

Point	(.)	Apostrophe	(')
Virgule	(,)	Trait d'union.	(–)
Point et virgule	(;)	Guillemet	(»)
Deux points	(:)	Astérisque	(*)
Point d'interrogation	(?)	Parenthèses	()
Point d'admiration	(!)	Crochets	[]

CHIF·FRES.

1 2 3 4 5 6 7 8 9 0.

A   **IL TEND**   a | B   **IL JOUE**   b

l'Ar–ba–lè–te.   au Bil–bo–quet.

C

ILS SAUTENT
à la Cor-de.

c

D

COM-ME
ils dan-sent.

d

1..

E

IL L'EX-CI-TE
en le frap–pant.

e

F

ILS JOUENT
a–vec le Feu.

f

G g

la Gym-nas-ti-que.

H h

VOILA
les Han-ne-tons.

I

ILS RE–GAR–DENT
les I-ma-ges

i

J

LES PETITS
Jar–di–niers.

j

K

KA–BAC–TUS
le sa-vant.

k

L

VO–YEZ LA
Lan-ter-ne ma-gi-que.

l

M

MAN-GEURS
et Mar–mi-ton.

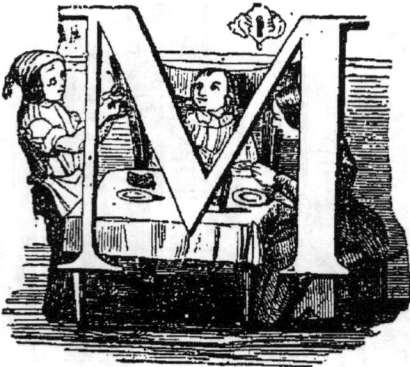

m

N

L'É-CO-LE
de Na–ta-tion.

n

O ILS S'A—MU—SENT
au jeu de l'Oie. **o**

P LES PE—TITS
Pa—ti—neurs. **p**

Q q

ILS JOUENT
aux Quil–les.

R r

LA DAN-SE
Ron-de.

S LES JEU—NES **s**
Sol-dats.

T ILS FONT AL—LER **t**
leur Tou-pie.

U

RE-GAR-DEZ

voi-ci l'Um-ble.

u

V

ILS É-TU-DIENT

leur Vio-lon.

V

X x

XA-VIER
le Nain du Roi.

Y y

YO-LAN-DE
et sa Pou-pée.

Z   ZO–É   Z

la Bar–bouil–lée.

IL FAUT ÊTRE SAGE.

ALINE eût été une petite fille très mignonne si elle avait voulu suivre les bons conseils ; mais elle n'écoutait que son caprice et sa mutinerie. Elle

n'était pas sage, et voici ce qui lui arriva. Cette fois
ce fut bien elle-même, et elle seule qui fut punie
pour n'avoir pas été SAGE.

Elle avait une charmante poupée, dont sa maman
lui avait fait cadeau, et qui coûtait fort cher. Un
jour, elle lui avait donné sa plus belle robe de taf-
fetas, son plus joli chapeau de velours vert et son
schall de cachemire. Tout-à-coup une épingle mal

ajustée glisse· et tombe, la robe se détache, toute
la toilette est en désordre. Aline, la petite sotte, s'en
prend à son innocente poupée. Elle la bat, elle la
jette plusieurs fois violemment à terre. Barbet s'é-
lance à son tour sur la marionnette de carton, il la
saisit, et des dents et des pattes, il la déchire si
bien qu'il n'en reste plus qu'un morceau de vilaine
charpie.

Aline se prit à pleurer, à crier. Sa mère l'entendant, accourut; qu'en résulta-t-il? Aline honteuse n'eut plus de joujou : ne méritait-elle pas ce châtiment?

IL FAUT AIMER SES PARENTS.

Tes père mère honoreras,
Afin de vivre longuement.

ES enfants, c'est Dieu qui vous dit d'honorer vos parents et qui, si vous êtes bons fils, vous promet une vie longue, c'est-à-dire beaucoup de bonheur sur cette terre et encore plus dans le ciel.

2

Voyez-vous sur cette gravure, ce bon père avec sa petite famille; comme il est heureux! C'est que Berthe lui dit : Cher papa, ce matin après avoir prié Dieu pour qu'il vous conserve et vous bénisse toujours, mes frères et moi avons pris la résolution de ne jamais nous quereller pour quoi que ce soit, de ne pas vous causer la plus légère peine; en un mot de vous aimer de tout notre cœur.

Aussi voyez comme ce bon père répond à sa fille :

Oui, aimez-moi bien, mes enfants, et il n'y aura pas d'enfants plus heureux que vous nulle part, parce qu'il n'y en aura nulle part de plus chéris de leurs parents, de plus bénis du bon Dieu.

⊸⬦⊷

IL FAUT TRAVAILLER

IL FAUT TRAVAILLER.

R egardez sur ces bancs rustiques et sous ce grand arbre ces deux petites filles qui ont chacune à la main une pièce d'étoffe, et tout à côté un dé, des aiguilles, des poinçons, des ciseaux. Que font donc Elodie et Félicie?

Ces deux sœurs savent que tout près de leur maison, sous un misérable toit de paille, habite et souffre une pauvre famille. Le père est infirme, la mère est morte, et les orphelins qui vivent dans cette malheureuse chaumière sont très jeunes et par conséquent incapables de gagner leur vie.

Les deux gentilles petites se font tailleuses et couturières. Pourquoi, disent-elles, n'emploierions-nous pas nos récréations, nos jeudis et les vieux vêtements mis à notre disposition pour couvrir la nudité de ces infortunés que le bon Dieu n'a pas, sans dessein, placés sous nos yeux? Et elles ne perdent pas un moment, et elles s'occupent avec ardeur. Faites de même, ô vous, mes petits amis qui lisez ces pages; ne laissez jamais s'écouler en vain les heures de la journée. Si vos devoirs sont faits, vos leçons apprises, s'il vous reste un peu de temps libre, employez-le pour les pauvres.

DIEU PUNIT LES ENFANS DÉSOBÉISSANTS

DIEU PUNIT LES ENFANTS DÉSOBÉISSANTS.

E petit Adolphe était un enfant très désobéissant : il suffisait qu'on lui défen-
dît une chose pour qu'au contraire il se
hâtât de la faire.

A côté du château de son père se trouvait la ca-

2.

bane d'une pauvre femme qui n'avait pour toute fortune que quelques poules qui lui produisaient des œufs qu'elle allait chaque semaine vendre au marché.

Or, comme Adolphe avait l'habitude de sortir avec un beau chien levrier que son père lui avait donné, on lui recommanda de ne pas mener avec lui Pioupiou quand il irait chez la vieille Marianne. Le marmot indocile se moqua de cette défense, il se glissa chez Marianne; et ce qu'on avait craint arriva. Pioupiou s'élança sur la cage, et en moins d'un instant il tua tous les polets, brisa tous les œufs.

Est-ce que le père de ce désobéissant enfant laissa impunie cette lourde faute? Oh! non; Adolphe d'abord n'eut plus de levrier; toutes les petites sommes qu'il recevait chaque semaine pour acheter des gâteaux, des bonbons, des joujoux, furent employées à dédommager la bonne vieille. — Adolphe ne sortit plus seul ; enfin, et avant toutes ces corrections, on lui donna, pour le rendre obéissant, quoi?..... les é–tri–vi–è–res.

IL SE FAIT ENTR'AINER

IL SE FAUT ENTR'AIDER.

ETIT-PIERRE portait une hotte pleine de noix et de pommes; sa mère lui avait dit de se rendre ainsi chargé à la foire du village voisin, et surtout de ne pas perdre de temps. Elle était partie elle-même de bon matin, la tête pliée sous un faix de grosses corbeilles.

Le fardeau était lourd pour le pauvre Petit–Pierre ; car il n'avait encore que neuf ans.

Mais si la force manquait à Petit–Pierre, il n'en était pas de même de son courage et de sa bonne volonté. Il tomba bientôt en effet de fatigue, et une grande partie de ce que renfermait sa hotte se répandit dans la poussière du chemin. Le pauvre enfant pleure, crie, appelle au secours. Heureusement le bon petit Georges n'était pas loin; il s'amusait dans le beau verger de son oncle. De suite il ouvre la porte et court vers le jeune paysan. A peine a–t-il connu la cause de ses larmes, que, sans hésitation, il lui aide à ramasser tous ses fruits épars çà et là sur le sol, puis il met lui-même sur ses épaules la hotte, et ne la dépose que sur la place du marché.

O chers enfants! aidez votre prochain toutes les fois que vous en trouverez l'occasion.

DE LA PÉDANTERIE.

IL est un défaut détestable dans tous les âges de la vie : c'est la pédanterie ; mais il est insupportable et tout-à-fait ridicule chez un enfant.

La petite Lise avait un frère entaché de ce défaut au suprême degré ; quoique sur les bancs de l'école, il se croyait un puits de science ; quoique très médiocre dans ses raisonnements avec ses camarades de classe, il croyait l'emporter sur eux, parce que toutes ses paroles étaient dites d'un ton tranchant. Avec un tel caractère on se fait rarement aimer; ses camarades de collége ne négligeaient aucune occasion de se moquer de lui, ils l'avaient surnommé *l'Enfant pédant*.

Lise, dans ses entretiens avec Adèle, la récréait

beaucoup en lui racontant ses espiègleries envers son frère le pédant. Sa croissance a été tardive, lui dit-elle, et comme il témoignait un extrême désir d'acquérir au moins une taille moyenne, je m'avisai de rogner chaque semaine le bas de son habit, de sorte qu'il s'imaginait grandir à vue d'œil. Tu peux juger combien on rit à ses dépens lorsque mes parents s'aperçurent de la ruse.

— Voilà, répondit Adèle, une espièglerie qui ne

dut pas te mettre très bien avec ton frère ; car les pédants n'aiment pas qu'on les raille.

— Sans doute, ma chère amie ; mais si je subsissais la morgue de son caractère, il fallait bien qu'il subît à son tour les moyens que je prenais pour lui faire remarquer quelques-uns de ses défauts.

Elle la satisfit bien en lui rapportant la grande victoire qu'elle venait de remporter sur le jeune pédagogue.

— Ma chère amie, lui dit-elle, jusqu'à présent il faisait le rodomont avec moi, je n'attendais que l'occasion de déployer mon éloquence vis-à-vis de mon cher frère. Cette occasion s'est présentée hier : il fut bien étonné que je lui soutinsse que les femmes s'étaient signalées en tout aussi bien que les hommes; je lui citai les noms et les œuvres des femmes auteurs, poètes, orateurs, académiciennes; des femmes qui se sont distinguées dans le dessin, la peinture, la sculpture; enfin, mon frère, lui dis-je, vous n'ignorez pas qu'il y a eu de grandes reines aussi bien que de grands rois ; mais vous ne savez peut-être pas que nous avons eu des femmes ambassadrices, et qui ont acquis de la renommée en diplomatie?

— Mesdames, s'écria-t-il, il ne vous manque plus que de vous voir aussi à la tête des armées !

— Vous croyez plaisanter, mon frère; mais il

me semble que Jeanne d'Arc et Jeanne Hachette
ont fait d'assez nobles exploits ; et je lui citai des
guerrières de notre époque, telles que d'Eon de
Beaumont, capitaine de dragons et chevalier de
Saint-Louis ; les sœurs Fernig, aides-de-camp du
général Dumouriez, la dame Brûlon, présentement
officier aux Invalides, et Virginie Chesquières, chevalier de la Légion-d'Honneur. J'avais sur moi ton
précieux livre, ma chère Adèle, et rien de ce que
j'avançais ne pouvait être contesté.

Mon frère, accablé de mon érudition, s'était levé stupéfait de me trouver si bien instruite. Je ne sais comment il se comportera dorénavant avec ses camarades de classe, mais je pense bien qu'il ne s'avisera plus de faire le pédant avec moi.

FIN.

Limoges. — Imp. F. F. Ardant frères.

www.ingramcontent.com/pod-product-compliance
Lightning Source LLC
LaVergne TN
LVHW022135080426
835511LV00007B/1136